Pochette

Petite Bibliothèque de la « VIE OUVRIÈRE ». — I

Michel BAKOUNINE

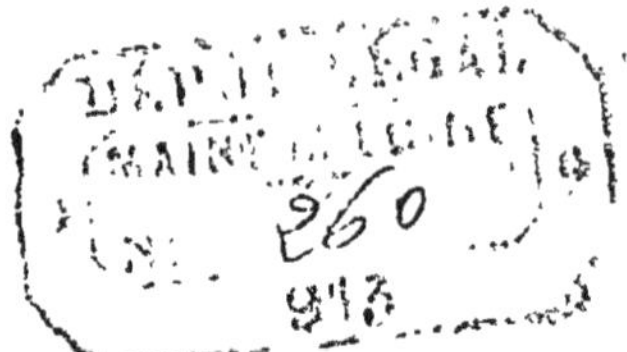

# LA POLITIQUE
de
# L'INTERNATIONALE

Prix : 10 centimes

ÉDITIONS DE
" LA VIE OUVRIÈRE "
96, Quai Jemmapes, PARIS-Xe

# Editions de la VIE OUVRIÈRE

| | | franco |
|---|---|---|
| Eugène Varlin (*N° spécial de la* Vie Ouvrière) . | 0 75 | 0 85 |
| La Grève des Cheminots de 1910 (*N° spécial de la* Vie Ouvrière)........................ | 1 » » | 1 10 |
| A. Merrheim : L'Affaire de l'Ouenza .......... | 0 20 | 0 25 |
| A. Savoie : La Suppression du Travail de nuit dans la Boulangerie ..................... | 0 10 | 0 15 |
| C. d'E. des Jeunesses Syndicalistes : La Loi Millerand........................... | 0·10 | 0 15 |
| J. Lapierre : L'Union des Syndicats ouvriers de Seine-et-Oise ....................... | 0 40 | 0 45 |
| G. Dumoulin : De la Grève de Montceau à l'Article XII ............................ | 0 10 | 0 15 |
| E. Reynier : L'Organisation Syndicale dans l'Ardèche ............................ | 0 15 | 0 20 |
| L. Clément et Maurice Bouchor : Les Groupes de Pupilles........................... | 0 60 | 0 70 |
| L. Lachant : Les Usines de Location de Force Motrice............................ | 0 10 | 0 15 |
| M. Bakounine : La Politique de l'Internationale. | 0 10 | 0 15 |

**A paraître :**

| | | |
|---|---|---|
| P. Dumas : La Semaine Anglaise.............. | 0 10 | 0 15 |
| F^on des Agricoles du Midi : Le Manuel du Paysan ................................ | 0 10 | 0 15 |

# La Politique de l'Internationale



## I

L'Internationale, en acceptant dans son sein un nouveau membre, ne lui demande pas s'il est religieux ou athée, s'il appartient à tel parti politique ou s'il n'appartient à aucun. Elle lui demande simplement :

Es-tu ouvrier, ou, si tu ne l'es pas, éprouves-tu le besoin et te sens-tu la force d'embrasser franchement, complètement la cause des ouvriers, de l'identifier avec elle à l'exclusion de toutes les autres causes qui pourraient lui être contraires ?

Sais-tu que les ouvriers, qui produisent toutes les richesses du monde, qui sont les créateurs de la civilisation, et qui ont conquis pour les bourgeois toutes les libertés, sont aujourd'hui condamnés à la misère, à l'ignorance et à l'esclavage ? As-tu compris que la cause principale de tous les maux qu'endure l'ouvrier, c'est la misère, et que cette misère, qui est le lot de tous les travailleurs dans le monde, est une conséquence nécessaire de l'organisation économique actuelle de la société, et notamment de l'asservissement du travail, c'est-à-dire du prolétariat, sous le joug du capital, c'est-à-dire de la bourgeoisie ?

As-tu compris qu'entre le prolétariat et la bourgeoisie il existe un antagonisme qui est irréconciliable, parce qu'il est une conséquence nécessaire de leurs positions respectives ? Que la prospérité de la classe bourgeoise est incompatible avec le bien-être et la liberté des travailleurs, parce que cette prospérité excessive n'est et ne peut être fondée que sur l'exploitation et sur l'asservissement de leur travail, et que, par la même raison, la prospérité et la dignité humaine des masses ouvrières exigent absolument l'abolition de la bourgeoisie comme classe séparée ? Que, par conséquent, la guerre entre le prolétariat et la bourgeoisie est fatale, et ne peut finir que par la destruction de cette dernière ?

As-tu compris qu'aucun ouvrier, quelque intelligent et quelque énergique qu'il soit, n'est capable de lutter seul contre la puissance si bien organisée des bourgeois, puissance représentée et soutenue principalement par l'organisation de l'Etat, de tous les Etats ? Que, pour te donner de la force, tu dois t'associer non avec des bourgeois, — ce qui serait de ta part une sottise ou un crime, parce que tous les bourgeois, en tant que bourgeois, sont nos ennemis irréconciliables, — ni avec des ouvriers infidèles, et qui seraient assez lâches pour aller mendier les sourires et la bienveillance des bourgeois, mais avec des ouvriers honnêtes, énergiques, et qui veulent franchement ce que tu veux ?

As-tu compris qu'en présence de la coalition formidable de toutes les classes privilégiées, de tous les propriétaires et capitalistes, et de tous les États dans le monde, une association ouvrière isolée, locale ou nationale, appartînt-elle même à l'un des plus grands pays de l'Europe, ne pourra jamais triompher, et que, pour tenir tête à cette coalition et pour obtenir ce triomphe, il ne faut rien de moins que l'union de toutes les associations ouvrières locales et nationales en une association universelle, il faut la grande *Association internationale des travailleurs de tous les pays* ?

Si tu sais, si tu as bien compris et si tu veux réellement tout cela, viens à nous, quelles que soient d'ailleurs tes croyances politiques ou religieuses. Mais pour que nous puissions t'accepter, tu dois nous promettre :

1° De subordonner désormais tes intérêts personnels, ceux même de ta famille, aussi bien que tes convictions et manifestations politiques et religieuses, à l'intérêt suprême de notre association : la lutte du travail contre le capital, des travailleurs contre la bourgeoisie sur le terrain économique ;

2° De ne jamais transiger avec les bourgeois dans un intérêt personnel ;

3° De ne jamais chercher à t'élever individuellement, seulement pour ta propre personne, au-dessus de la masse ouvrière, ce qui ferait de toi-même immédiatement un bourgeois, un ennemi et un exploiteur du prolétariat ; car toute la différence entre le bourgeois et le travailleur est celle-ci, que le premier cherche son bien toujours en dehors de la collectivité, et que le second ne le cherche et ne prétend le conquérir que solidairement avec tous ceux qui travaillent et qui sont exploités par le capital bourgeois ;

4° De rester toujours fidèle à la solidarité ouvrière, car la moindre trahison de cette solidarité est considérée par l'Internationale comme le crime le plus grand et comme la plus grande infamie qu'un ouvrier puisse commettre.

En un mot, tu dois accepter franchement, pleinement, nos statuts généraux, et tu prendras l'engagement solennel d'y conformer désormais tes actes et ta vie.

Nous pensons que les fondateurs de l'Association internationale ont agi avec une très grande sagesse en éliminant d'abord du programme de cette association toutes les questions politiques et religieuses. Sans doute, ils n'ont point manqué eux-mêmes ni d'opinions politiques, ni d'opinions anti-religieuses bien marquées ; mais ils se sont abstenus de les émettre dans ce programme, parce que leur but principal était d'unir avant tout les masses ouvrières du monde civilisé dans une action commune. Ils ont dû nécessairement chercher une base commune, une série de principes simples sur lesquels tous les ouvriers, quelles que soient d'ailleurs leurs aberrations politiques et religieuses, pour peu qu'ils soient des ouvriers sérieux, c'est-à-dire des hommes durement exploités et souffrants, sont et doivent être d'accord.

S'ils avaient arboré le drapeau d'un système politique ou anti-religieux, loin d'unir les ouvriers de l'Europe ils les auraient encore plus divisés ; parce que, l'ignorance des ouvriers aidant, la propagande intéressée et au plus haut degré corruptive des prêtres, des gouvernements et de tous les partis politiques bourgeois, sans en excepter les plus rouges, a répandu une foule d'idées fausses dans les masses ouvrières, et que ces masses aveuglées se passionnent malheureusement encore trop souvent pour des mensonges qui n'ont d'autre but que de leur faire servir, volontairement et stupidement, au détriment de leurs intérêts propres, ceux des classes privilégiées.

D'ailleurs, il existe encore une trop grande différence entre les degrés de développement industriel, politique, intellectuel et moral des masses ouvrières dans les différents pays, pour qu'il soit possible de les unir aujourd'hui par un seul et même programme politique et anti-religieux. Poser un tel programme comme celui de l'Internationale, en faire une condition absolue d'entrée dans cette association, ce serait vouloir organiser une secte, non une association universelle ; ce serait tuer l'Internationale.

Il y a eu encore une autre raison qui a fait éliminer d'abord du programme de l'Internationale, en apparence du moins *et seulement en apparence*, toute tendance politique.

Jusqu'à ce jour, depuis le commencement de l'histoire, il n'y a pas eu encore de politique du peuple, — et nous entendons par ce mot le bas peuple, la *canaille ouvrière* qui nourrit le monde de son travail ; il n'y a eu que la politique des classes privilégiées, de ces classes qui se sont servies de la puissance musculaire du peuple pour se détrôner mutuellement, et pour se mettre à la place l'une de l'autre. Le peuple à son tour n'a jamais pris parti pour les unes contre les autres que dans le vague espoir qu'au moins l'une de ces révolutions politiques, dont aucune n'a pu se faire sans lui, mais dont aucune ne s'est faite pour lui, apporterait quelque soulagement à sa misère et à son esclavage séculaires. Il s'est toujours trompé. Même la grande Révolution française l'a trompé. Elle a tué l'aristocratie nobiliaire et a mis à sa place la bourgeoisie. Le peuple ne s'appelle plus ni esclave ni serf, il est proclamé né libre en droit, mais dans le fait son esclavage et sa misère restent les mêmes.

Et ils resteront toujours les mêmes tant que les masses populaires continueront de servir d'instrument à la politique bourgeoise, que cette politique s'appelle conservatrice, libérale, progressiste, radicale, et lors même qu'elle se donnerait les allures les plus révolutionnaires du monde. Car toute politique bourgeoise, quels que soient son nom et sa couleur, ne peut avoir au fond qu'un seul but : *le maintien de la domination bourgeoise ; et la domination bourgeoise, c'est l'esclavage du prolétariat.*

Qu'a donc dû faire l'Internationale ? Elle a dû d'abord détacher les masses ouvrières de toute politique bourgeoise, elle a dû éliminer de son programme tous les programmes politiques bourgeois. Mais, à l'époque de sa fondation, il n'y avait pas dans le monde d'autre politique que celle de l'Eglise, ou de la monarchie, ou de l'aristocratie, ou de la bourgeoisie ; la dernière, surtout celle de la bourgoisie radicale, était sans contredit plus libérale et plus humaine que les autres : mais toutes, également fondées sur l'exploitation des masses ouvrières, n'avaient en réalité d'autre but que de se disputer le monopole de cette exploitation. L'Internationale a donc dû commencer par déblayer le terrain, et, comme toute politique, au point de vue de l'émancipation du travail, se trouvait alors entachée d'éléments réactionnaires, elle a dû d'abord rejeter de son sein tous les systèmes politiques connus, afin de pouvoir fonder, sur ces ruines du monde bourgeois, la vraie politique des travailleurs, la politique de l'Association internationale.

## II

Les fondateurs de l'Association internationale des travailleurs ont agi avec d'autant plus de sagesse en évitant de poser des principes politiques et philosophiques comme base de cette association, et en ne lui donnant d'abord pour unique fondement que la lutte exclusivement économique du travail contre le capital, qu'ils avaient la certitude que, du moment qu'un ouvrier met le pied sur ce terrain, du moment que, prenant confiance dans son droit aussi bien que dans la force numérique de sa classe, il s'engage avec ses compagnons de travail dans une lutte solidaire contre l'exploitation bourgeoise, il sera nécessairement amené, par la force même des choses, et par le développement de cette lutte, à reconnaître bientôt tous les principes politiques, socialistes et philosophiques de l'Internationale, principes qui ne sont rien, en effet, que la juste expression de son point de départ, de son but.

Nous avons exposé ces principes dans nos derniers numéros. Au point de vue politique et social, ils ont pour conséquence nécessaire l'abolition des classes, par conséquent celle de la bourgeoisie, qui est la classe dominante aujourd'hui ; l'abolition de tous les États territoriaux, celle de toutes les patries politiques, et, sur leurs ruines, l'établissement de la grande fédération internationale de tous les groupes productifs, nationaux et locaux. Au point de vue philosophique, comme ils ne tendent à rien de moins qu'à la réalisation de l'idéal humain, du bonheur humain, de l'égalité, de la justice et de la liberté sur la terre, que par là même ils tendent à rendre tout à fait inutiles tous les compléments célestes et toutes les espérances d'un monde meilleur, ils auront pour conséquence également nécessaire l'abolition des cultes et de tous les systèmes religieux.

Annoncez tout d'abord ces deux buts à des ouvriers ignorants, écrasés par le travail de chaque jour, et démoralisés, empoisonnés pour ainsi dire sciemment par les doctrines perverses que les gouvernements, de concert avec toutes les castes privilégiées, prêtres, noblesse, bourgeoisie, leur distribuent à pleines mains, et vous les effraierez ; ils vous repousseront peut-être, sans se douter que toutes ces idées ne sont rien que l'expression la plus fidèle de leurs propres intérêts, que ces buts portent en eux la réalisation de leurs vœux les plus chers ; et qu'au contraire les préjugés religieux et politiques au nom desquels ils les repousseront peut-être, sont la cause directe de la prolongation de leur esclavage et de leur misère.

Il faut bien distinguer entre les préjugés des masses populaires et ceux de la classe privilégiée. Les préjugés des masses, comme nous venons de le dire, ne sont fondés que sur leur ignorance et sont tout contraires à leurs intérêts, tandis que ceux de la bourgeoisie sont précisément fondés sur les intérêts de cette classe, et ne se maintiennent, contre l'action dissolvante de la science bourgeoise elle-même, que grâce à l'égoïsme collectif des bourgeois. Le peuple veut, mais il ne sait pas ; la bourgeoisie sait, mais elle ne veut pas. Lequel des deux est l'incurable ? La bourgeoisie, sans aucun doute.

Règle générale : on ne peut convertir que ceux qui sentent le besoin d'être convertis, que ceux qui portent déjà dans leurs instincts ou dans les misères de leur position soit extérieure, soit intérieure, tout ce que vous voulez leur donner ; jamais vous ne convertirez ceux qui n'éprouvent le besoin d'aucun changement, ni même ceux qui, tout en désirant sortir d'une position dont ils sont mécontents, sont poussés, par la nature de leurs habitudes morales, intellectuelles et sociales, à chercher une position meilleure dans un monde qui n'est pas celui de vos idées.

Convertissez, je vous prie, au socialisme un noble qui convoite la richesse, un bourgeois qui voudrait se faire noble, ou même un ouvrier qui ne tendrait de toutes les forces de son âme qu'à devenir un bourgeois ! Convertissez encore un aristocrate réel ou imaginaire de l'intelligence, un demi-savant, un quart, un dixième, une centième partie de savant, gens pleins d'ostentation scientifique, qui souvent, parce qu'ils ont eu seulement la chance d'avoir compris tant bien que mal quelques livres, sont pleins de mépris arrogant pour les masses illettrées, et s'imaginent qu'ils sont appelés à former entre eux une nouvelle caste dominante, c'est-à-dire exploitante.

Aucun raisonnement ni aucune propagande ne seront jamais en état de convertir ces malheureux. Pour les convaincre, il n'est qu'un seul moyen : c'est le fait ; c'est la destruction de la possibilité même des situations privilégiées, de toute domination et de toute exploitation ; c'est la révolution sociale, qui, en balayant tout ce qui constitue l'inégalité dans le monde, les moralisera en les forçant à chercher leur bonheur dans l'égalité et dans la solidarité.

Il en est autrement des ouvriers sérieux. Nous entendons par ouvriers sérieux tous ceux qui sont réellement écrasés par le poids du travail ; tous ceux dont la position est si précaire et si misérable qu'aucun, à moins de circonstances tout à fait extraordinaires, ne puisse avoir seulement la pensée de conquérir *pour lui-même*, et seulement pour lui-même, dans les conditions économiques d'aujourd'hui et dans le milieu social actuel, une position meilleure ; de devenir, par exemple, à son tour, un patron ou un conseiller d'Etat. Nous rangeons naturellement aussi dans cette catégorie les rares et généreux ouvriers qui, tout en ayant la possibilité de monter individuellement au-dessus de la classe ouvrière, n'en veulent pas profiter, aimant mieux souffrir encore quelque temps de l'exploitation bourgeoise, solidairement avec leurs camarades de misère, que de devenir des exploiteurs à leur tour. Ceux-là n'ont pas besoin d'être convertis ; ils sont des socialistes purs.

Nous parlons de la grande masse ouvrière qui, éreintée par son travail quotidien, est ignorante et misérable. Celle-là, quels que soient les préjugés politiques et religieux qu'on ait tâché et même réussi en partie de faire prévaloir dans sa conscience, est *socialiste sans le savoir ;* elle est, au fond de son instinct, et par la force même de sa position, plus sérieusement, plus réellement socialiste, que ne le sont tous les socialistes scientifiques et bourgeois, pris ensemble. Elle l'est par toutes les conditions de son existence matérielle, par tous les besoins de son être, tandis que ces derniers ne le sont que par les besoins de leur pensée ; et, dans la vie réelle, les besoins de l'être exercent toujours une puissance bien plus forte que ceux de la pensée, la pensée étant ici, comme partout et toujours, l'expression de l'être, le reflet de ses développements successifs, mais jamais son principe.

Ce qui manque aux ouvriers, ce n'est pas la réalité, la nécessité réelle des aspirations socialistes, c'est seulement la pensée socialiste. Ce que chaque ouvrier réclame dans le fond de son cœur : une existence pleinement humaine en tant que bien-être matériel et développement intellectuel, fondée sur la justice, c'est-à-dire sur l'égalité et sur la liberté de chacun et de tous dans le travail, — ne peut évidemment pas se réaliser dans le monde politique et social actuel, qui est fondé sur l'injustice et sur l'exploitation cynique du travail des masses ouvrières. Donc, tout ouvrier sérieux est nécessairement un révolutionnaire socialiste, puisque son émancipation ne peut s'effectuer que par le renversement de tout ce qui existe maintenant. Ou bien cette organisation de l'injustice, avec tout son appareil de lois iniques et d'institutions privilégiées, doit périr, ou bien les masses ouvrières resteront condamnées à un esclavage éternel.

Voilà la pensée socialiste dont les germes se retrouveront dans l'instinct de chaque travailleur sérieux. Le but est donc de lui donner la pleine conscience de ce qu'il veut, de faire naître en lui une pensée qui corresponde à son instinct, car, du moment que la pensée des masses ouvrières se sera élevée à la hauteur de leur instinct, leur volonté sera déterminée, et leur puissance deviendra irrésistible.

Qu'est-ce qui empêche encore le développement plus rapide de cette pensée salutaire au sein des masses ouvrières? Leur ignorance, et en grande partie les préjugés politiques et religieux par lesquels les classes intéressées s'efforcent encore aujourd'hui d'obscurcir leur conscience et leur intelligence naturelle. Comment dissiper cette ignorance, comment détruire ces préjugés malfaisants ? Sera-ce par l'instruction et par la propagande ?

Ce sont sans doute de grands et beaux moyens. Mais dans l'état actuel des masses ouvrières ils sont insufisants. L'ouvrier isolé est trop écrasé par son travail, et par ses soucis quotidiens, pour avoir beaucoup de temps à donner à son instruction. Et d'ailleurs, qui fera cette propagande ? Seront-ce les quelques socialistes sincères, issus de la bourgeoisie, qui sont pleins de généreuse volonté, sans doute, mais qui sont trop peu nombreux, d'abord, pour donner à leur propagande toute la largeur nécessaire, et qui, d'un autre côté, appartenant par leur position à un monde différent, n'ont pas sur le monde ouvrier toute la prise qu'il faudrait, et qui excitent en lui des défiances plus ou moins légitimes ?

« L'émancipation des travailleurs doit être l'œuvre des travailleurs eux-mêmes », dit le préambule de nos statuts généraux. Et il a mille fois raison de le dire. C'est la base principale de notre grande Association. Mais le monde ouvrier est généralement ignorant, la théorie lui manque encore tout à fait. Donc il ne reste qu'une seule voie, c'est celle *de son émancipation par la pratique*. Quelle peut et quelle doit être cette pratique ?

Il n'en est qu'une seule. C'est celle de la lutte solidaire des ouvriers contre les patrons. C'est *l'organisation et la fédération des caisses de résistance.*

## III

Si l'Internationale se montre d'abord indulgente pour les idées conservatrices et réactionnaires, soit en politique, soit en religion, que des ouvriers peuvent avoir en entrant dans son sein, ce n'est pas du tout par indifférence pour ces idées. On ne peut la taxer d'indifférence, puisqu'elle les déteste et les repousse de toutes les forces de son être, toute idée réactionnaire étant le renversement du principe même de l'Internationale, comme nous l'avons déjà démontré dans nos précédents articles.

Cette indulgence, nous le répétons encore, lui est inspirée par une haute sagesse. Sachant parfaitement que tout ouvrier sérieux est un socialiste par toutes les nécessités inhérentes à sa position misérable, et que ses idées réactionnaires, s'il en a, ne peuvent être que l'effet de son ignorance, elle compte sur l'expérience collective qu'il ne peut manquer d'acquérir au sein de l'Internationale, et surtout sur le développement de la lutte collective des travailleurs contre les patrons, pour l'en délivrer.

Et, en effet, du moment qu'un ouvrier, prenant foi dans la possibilité d'une prochaine transformation radicale de la situation économique, associé à ses camarades, commence à lutter sérieusement pour la diminution de ses heures de travail et l'augmentation de son salaire, du moment qu'il commence à s'intéresser vivement à cette lutte toute matérielle, on peut être certain qu'il abandonnera bientôt toutes ses préoccupations célestes, et que, s'habituant à compter toujours davantage sur la force collective des travailleurs, il renoncera volontairement au secours du ciel. Le socialisme prend dans son esprit la place de la religion.

Il en sera de même de sa politique réactionnaire. Elle perdra son soutien principal à mesure que la conscience de l'ouvrier se verra délivrée de l'oppression religieuse. D'un autre côté, la lutte économique, en se développant et en s'étendant toujours davantage, lui fera connaître de plus en plus, d'une manière pratique et par une expérience collective, qui est nécessairement toujours plus instructive et plus large que l'expérience isolée, ses ennemis véritables, qui sont les classes privilégiées, à savoir le clergé, la bourgeoisie, la noblesse et l'État ; ce dernier n'étant là que pour sauvegarder tous les privilèges de ces classes, et prenant nécessairement toujours leur parti contre le prolétariat.

L'ouvrier, ainsi engagé dans la lutte, finira forcément par comprendre l'antagonisme irréconciliable qui existe entre ces suppôts de la réaction et ses intérêts humains les plus chers, et, arrivé à ce point, il ne manquera pas de se reconnaître et de se poser carrément comme un socialiste révolutionnaire.

Il n'en est pas ainsi des bourgeois. Tous leurs intérêts sont contraires à la transformation économique de la société ; et si leurs idées y sont contraires aussi, si ces idées sont réactionnaires, ou, comme on les nomme poliment aujourd'hui, modérées ; si leur intelligence et leur cœur repoussent ce grand acte de justice et d'émancipation que nous appelons la révolution sociale ; s'ils ont horreur de l'égalité sociale réelle, c'est-à-dire de l'égalité politique, sociale, et économique à la fois ; si, dans le fond de leur âme, ils veulent garder pour eux-mêmes, pour leur classe ou pour leurs enfants, un seul privilège, ne fût-ce que celui de l'intelligence, comme le font aujourd'hui beaucoup de socialistes bourgeois ; s'ils ne détestent non seulement de toute la logique de leur esprit, mais encore de toute la puissance de leur passion, l'ordre de choses actuel, — alors on peut être certain qu'ils resteront des réactionnaires, des ennemis de la cause ouvrière toute leur vie. Il faut les tenir loin de l'Internationale.

Il faut les en tenir bien loin, car ils ne pourraient y entrer que pour la démoraliser et pour la détourner de sa voie. Il est d'ailleurs un signe infaillible auquel les ouvriers peuvent reconnaître si un bourgeois qui demande à être reçu dans leurs rangs vient à eux franchement, sans l'ombre d'hypocrisie et sans la moindre arrière-pensée. Ce signe, ce sont les rapports qu'il a conservés avec le monde bourgeois.

L'antagonisme qui existe entre le monde ouvrier et le monde bourgeois prend un caractère de plus en plus prononcé. Tout homme qui pense sérieusement, et dont les sentiments et l'imagination ne sont point altérés par l'influence souvent inconsciente de sophismes intéressés, doit comprendre aujourd'hui qu'aucune réconciliation entre eux n'est possible. Les travailleurs veulent l'égalité, et les bourgeois veulent le maintien de l'inégalité. Évidemment l'une détruit l'autre. Aussi la grande majorité des bourgeois capitalistes et propriétaires, ceux qui ont le courage de s'avouer franchement ce qu'ils veulent, ont-ils également celui de manifester avec la même franchise l'horreur que leur inspire le mouvement actuel de la classe ouvrière. Ceux-ci sont des ennemis aussi résolus que sincères, nous les connaissons et c'est bien.

Mais il est une autre catégorie de bourgeois qui n'ont ni la même franchise, ni le même courage. Ennemis de la liquidation sociale, que nous appelons, nous, de toute la puissance de nos âmes comme un grand acte de justice, comme le point de départ nécessaire et la base indispensable d'une organisation égalitaire et rationnelle de la société, ils veulent, comme tous les autres bourgeois, conserver l'inégalité économique, cette source de toutes les autres inégalités ; et en même temps ils prétendent vouloir comme nous l'émancipation intégrale du travailleur et du travail. Ils maintiennent contre nous, avec une passion digne des bourgeois les plus réactionnaires, la cause même de l'esclavage du prolétariat, la séparation du travail et de la propriété immobilière ou capitalisée, représentés aujourd'hui par deux classes différentes ; et ils se posent néanmoins comme les apôtres de la délivrance de la classe ouvrière du joug de la propriété et du capital !

Se trompent-ils ou trompent-ils ? Quelques-uns se trompent de bonne foi, beaucoup trompent ; le plus grand nombre se trompe et trompe à la fois. Ils appartiennent tous à cette catégorie de bourgeois radicaux et de socialistes bourgeois qui ont fondé la Ligue de la paix et de la liberté.

Cette Ligue est-elle socialiste ? Au commencement et

pendant la première année de son existence, comme nous avons eu déjà l'occasion de le dire, elle a repoussé le socialisme avec horreur.

L'an passé, à son Congrès de Berne, elle a repoussé triomphalement le principe de l'égalité économique. Aujourd'hui, se sentant mourir et désirant vivre encore un peu, et comprenant enfin qu'aucune existence politique n'est désormais possible sans la question sociale, elle se dit socialiste ; elle est devenue socialiste bourgeoise : ce qui veut dire qu'elle veut résoudre toutes les questions sociales sur la base de l'*inégalité économique*. Elle veut, elle doit conserver l'intérêt du capital et la rente de la terre, et elle prétend émanciper les travailleurs avec cela ! Elle s'efforce de donner un corps au non-sens.

Pourquoi le fait-elle ? Qu'est-ce qui lui a fait entreprendre une œuvre aussi incongrue que stérile ? Il n'est pas difficile de le comprendre.

Une grande partie de la bourgeoisie est fatiguée du règne du *césarisme* et du *militarisme* qu'elle-même a fondé en 1848, par crainte du prolétariat. Rappelez-vous seulement les journées de Juin, avant-coureurs des journées de Décembre ; rappelez-vous cette Assemblée nationale qui, après les journées de Juin, maudissait et insultait, à l'unanimité moins une voix, l'illustre et on peut bien dire l'héroïque socialiste Proudhon qui seul avait eu le courage de jeter le défi du socialisme à ce troupeau enragé de bourgeois conservateurs, libéraux et radicaux. Et il ne faut pas oublier que parmi ces insulteurs de Proudhon il y a une quantité de citoyens encore vivants, et aujourd'hui plus militants que jamais, et qui, auréolés par les persécutions de Décembre, sont devenus depuis les martyrs de la liberté.

Donc il n'y a point de doute que la bourgeoisie tout entière, y compris la bourgeoisie radicale, n'ait été proprement la créatrice du despotisme césarien et militaire dont elle déplore aujourd'hui les effets. Après s'en être servi contre le prolétariat, elle voudrait s'en délivrer à cette heure. Rien de plus naturel : ce régime l'humilie et la ruine. Mais comment s'en délivrer ? Jadis elle était courageuse et puissante, elle avait la puissance des conquêtes. Aujourd'hui elle est lâche et débile, elle est affligée de l'impuissance des vieillards. Elle ne connaît que trop bien sa faiblesse, elle sent qu'à elle seule elle ne peut rien. Il lui faut donc un aide. Cet aide ne peut être que le prolétariat : donc il faut gagner le prolétariat.

Mais comment le gagner ? Par des promesses de liberté et d'égalité politiques ? Ce sont des mots qui ne touchent plus les travailleurs. Ils ont appris à leurs dépens, ils ont compris par une dure expérience, que ces mots ne signifient pour eux rien que le maintien de leur esclavage économique, souvent même plus dur qu'auparavant. Si donc vous voulez toucher le cœur de ces misérables millions d'esclaves du travail, parlez-leur de leur émancipation économique. Il n'est plus d'ouvrier qui ne sache, maintenant, que c'est là pour lui l'unique base sérieuse et réelle de toutes les autres émancipations. Donc il faut leur parler de réformes économiques de la société.

« Eh bien, se sont dit les ligueurs de la Paix et de la Liberté, parlons-en, disons-nous socialistes aussi. Promettons-leur des réformes économiques et sociales, à condition toutefois qu'ils veuillent bien respecter les bases de la civilisation et de l'omnipotence bourgeoise : la propriété individuelle et héréditaire, l'intérêt du capital, et la rente de la terre. Persuadons-les qu'à ces conditions seules, qui d'ailleurs nous assurent la domination et aux travailleurs l'esclavage, le travailleur peut être émancipé.

« Persuadons-les encore que, pour réaliser toutes ces réformes sociales, il faut faire d'abord une bonne révolution politique, exclusivement politique, aussi rouge qu'il leur plaira au point de vue politique, avec un grand abattis de têtes si cela devient nécessaire, mais avec le plus grand respect pour la sacro-sainte propriété ; une révolution toute jacobine, en un mot, qui nous rendra les maîtres de la situation ; et une fois maîtres, nous donnerons aux ouvriers ce que nous pourrons et ce que nous voudrons. »

C'est ici un signe infaillible auquel les ouvriers peuvent reconnaître un faux socialiste, un socialiste bourgeois : si, en leur parlant de révolution, ou, si l'on veut, de transformation sociale, il leur dit que la transformation politique *doit précéder* la transformation économique ; s'il nie qu'elles doivent se faire toutes les deux à la fois, ou même que la révolution politique doive être autre chose que la mise en action immédiate et directe de la liquidation sociale pleine ou entière, — qu'ils lui tournent le dos, car ou bien il n'est qu'un sot, ou bien c'est un exploiteur hypocrite.

## IV

L'Association internationale des travailleurs, pour rester fidèle à son principe et pour ne pas dévier de la seule voie qui puisse la conduire à bon port, doit se prémunir surtout contre les influences de deux sortes de socialistes bourgeois : les partisans de la *politique bourgeoise, y compris même les révolutionnaires bourgeois*, et ceux de la *coopération bourgeoise*, ou soi-disant *hommes pratiques*.

Considérons d'abord les premiers.

L'émancipation économique, avons-nous dit dans le précédent numéro, est la base de toutes les autres émancipations. Nous avons résumé par ces mots toute la politique de l'Internationale.

Nous lisons en effet dans les considérants de nos statuts généraux la déclaration suivante :

« *Que l'assujettissement du travail au capital est la source de toute servitude, politique, morale et matérielle,* et que, pour cette raison, l'émancipation des travailleurs est le grand but auquel doit être subordonné tout mouvement politique ».

Il est bien entendu que tout mouvement politique qui n'a point pour objet *immédiat et direct* l'émancipation économique, *définitive et complète*, des travailleurs, et qui n'a pas inscrit sur son drapeau, d'une manière bien déterminée et bien claire, le principe de *l'égalité économique*, ce qui veut dire *la restitution intégrale du capital au travail*, ou bien *la liquidation sociale*, — que tout mouvement politique pareil est bourgeois, et, comme tel, doit être exclu de l'Internationale.

Doit par conséquent être exclue sans pitié la politique des bourgeois démocrates ou socialistes bourgeois, qui, en déclarant que « la liberté politique est la condition *préalable* de l'émancipation économique », ne peuvent entendre par ces mots autre chose que ceci : « Les réformes politiques, ou la révolution politique, doivent *précéder* les réformes économiques ou la révolution économique ; les ouvriers doivent, par conséquent, s'allier aux bourgeois plus ou moins radicaux pour faire d'abord avec eux les premières, sauf à faire ensuite contre eux les dernières ».

Nous protestons hautement contre cette funeste théorie,

qui ne pourrait aboutir, pour les travailleurs, qu'à les faire servir encore une fois d'instrument contre eux-mêmes, et à les livrer de nouveau à l'exploitation des bourgeois.

Conquérir la liberté politique *d'abord*, ne peut signifier autre chose que la conquérir *d'abord toute seule*, en laissant, au moins pendant quelques jours, les rapports économiques et sociaux dans l'état où ils sont, c'est-à-dire les propriétaires et les capitalistes avec leur insolente richesse, et les travailleurs avec leur misère.

Mais cette liberté une fois conquise, — dit-on, — elle servira aux travailleurs d'instrument pour conquérir plus tard l'*égalité* ou la *justice économique*.

La liberté, en effet, est un instrument magnifique et puissant. Le tout est de savoir si les travailleurs pourront réellement s'en servir, si elle sera réellement en leur possession, ou si, comme cela a toujours été jusqu'ici, leur *liberté politique* ne sera qu'une apparence trompeuse, une fiction ?

Un ouvrier, dans sa situation économique présente, auquel on viendrait parler de liberté politique, ne pourrait-il pas répondre par le refrain d'une chanson bien connue :

> Ne parlez pas de liberté
> La pauvreté, c'est l'esclavage (1) !

Et, en effet, il faut être amoureux d'illusions pour s'imaginer qu'un ouvrier, dans les conditions économiques et sociales dans lesquelles il se trouve présentement, puisse profiter pleinement, faire un usage sérieux et réel de sa liberté politique. Il lui manque pour cela deux petites choses : le loisir et les moyens matériels.

D'ailleurs, ne l'avons-nous pas vu en France, le lendemain de la révolution de 1848, la révolution la plus radicale qu'on puisse désirer au point de vue politique ?

Les ouvriers français n'étaient certes ni indifférents, ni inintelligents, et, malgré le suffrage universel le plus large, ils ont dû laisser faire les bourgeois. Pourquoi ? parce qu'ils ont manqué des moyens matériels qui sont nécessaires pour que la liberté politique devienne une réalité, parce qu'ils sont restés les esclaves d'un travail forcé par la faim, tandis que les bourgeois radicaux, libéraux, et même conservateurs, les uns républicains de la veille, les autres convertis du

(1) Refrain d'une chanson de Pierre Lachambeaudie.

lendemain, allaient et venaient, s'agitaient, parlaient et conspiraient librement, les uns grâce à leurs rentes ou à leur fonction bourgeoise lucrative, les autres grâce au budget de l'Etat qu'on avait naturellement conservé et qu'on avait même rendu plus fort que jamais.

On sait ce qui en est résulté : d'abord les journées de Juin ; plus tard, comme conséquence nécessaire, les journées de Décembre.

Mais, dira-t-on, les travailleurs, devenus plus sages par l'expérience même qu'ils ont faite, n'enverront plus des bourgeois dans les assemblées constituantes ou législatives, ils enverront de simples ouvriers. Tout pauvres qu'ils sont, les travailleurs pourront bien fournir l'entretien à leurs députés. Savez-vous ce qui en résultera ? C'est que les ouvriers députés, transportés dans des conditions d'existence bourgeoises et dans une atmosphère d'idées politiques toutes bourgeoises, cessant d'être des travailleurs de fait pour devenir des hommes d'Etat, deviendront des bourgeois, et peut-être seront même plus bourgeois que les bourgeois eux-mêmes. Car les hommes ne font pas les positions, ce sont les positions, au contraire, qui font les hommes. Et nous savons par expérience que les *ouvriers bourgeois* ne sont souvent ni moins égoïstes que les bourgeois exploiteurs, ni moins funestes à l'Internationale que les bourgeois socialistes, ni moins vaniteux et ridicules que les bourgeois anoblis.

Quoi qu'on fasse et quoi qu'on dise, tant que le travailleur restera plongé dans son état actuel, il n'y aura point pour lui de liberté possible, et ceux qui le convient à conquérir les libertés politiques, sans toucher d'abord aux brûlantes questions du socialisme, sans prononcer ce mot qui fait pâlir les bourgeois : la *liquidation sociale*, lui disent simplement : « Conquiers d'abord cette liberté pour nous, afin que plus tard nous puissions nous en servir contre toi ».

Mais ils sont bien intentionnés et sincères, ces bourgeois, dira-t-on. — Il n'y a pas de bonnes intentions et de sincérité qui tiennent contre les influences de la position, et, puisque nous avons dit que les ouvriers mêmes qui se mettraient dans cette position deviendraient forcément des bourgeois, à plus forte raison les bourgeois qui resteront dans cette position resteront-ils des bourgeois.

Si un bourgeois, inspiré par une grande passion de justice, d'égalité et d'humanité, veut sérieusement travailler à l'émancipation du prolétariat, qu'il commence d'abord par rompre tous les liens politiques et sociaux, tous les rapports d'intérêt aussi bien que d'esprit, de vanité et de cœur avec la bourgeoisie. Qu'il comprenne d'abord qu'aucune réconciliation n'est possible entre le prolétariat et cette classe, qui, ne vivant que de l'exploitation d'autrui, est l'ennemie naturelle des prolétaires.

Après avoir tourné définitivement le dos au monde bourgeois, qu'il vienne alors se ranger sous le drapeau des travailleurs, sur lequel sont inscrits ces mots : « Justice, Egalité et Liberté pour tous. Abolition des classes par l'égalisation économique de tous. Liquidation sociale. » Il sera le bienvenu.

A l'égard des socialistes bourgeois et des bourgeois ouvriers (1) qui viendront nous parler de conciliation entre la politique bourgeoise et le socialisme des travailleurs, nous n'avons qu'un conseil à donner à ces derniers : il faut leur tourner le dos.

Puisque les socialistes bourgeois s'efforcent d'organiser aujourd'hui, *avec l'appât du socialisme*, une formidable agitation ouvrière, afin de conquérir la liberté politique, une liberté qui, comme nous venons de le voir, ne profiterait qu'à la bourgeoisie ; puisque les masses ouvrières, arrivées à l'intelligence de leur position, éclairées et dirigées par le principe de l'Internationale, s'organisent en effet et commencent à former une véritable puissance, non nationale, mais internationale ; non pour faire les affaires des bourgeois, mais leurs propres affaires ; et puisque, même pour réaliser cet idéal des bourgeois d'une complète liberté politique avec des institutions républicaines, il faut une révolution, et qu'aucune révolution ne peut triompher que par la puissance du peuple, il faut que cette puissance, cessant de tirer les marrons du feu pour messieurs les bourgeois, ne serve désormais qu'à faire triompher la cause du peuple, la cause de tous ceux qui travaillent contre tous ceux qui exploitent le travail.

L'Association internationale des travailleurs, fidèle à son principe, ne donnera jamais la main à une agitation politique qui n'aurait pas pour but immédiat et direct *la complète*

(1) Ce que Bakounine appelle les « bourgeois ouvriers », ce sont les « ouvriers embourgeoisés » de Genève, comme il y en avait un certain nombre dans les sections de la « fabrique ».

*émancipation économique du travailleur*, c'est-à-dire l'abolition de la bourgeoisie comme classe économiquement séparée de la masse de la population, ni à aucune révolution qui dès le premier jour, dès la première heure, n'inscrira pas sur son drapeau *la liquidation sociale.*

Mais les révolutions ne s'improvisent pas. Elles ne se font pas arbitrairement ni par les individus, ni même par les plus puissantes associations. Indépendamment de toute volonté et de toute conspiration, elles sont toujours amenées par la force des choses. On peut les prévoir, en pressentir l'approche quelquefois, jamais en accélérer l'explosion.

Convaincus de cette vérité, nous nous faisons cette question : Quelle est la politique que l'Internationale doit suivre pendant cette période plus ou moins longue qui nous sépare de cette terrible révolution sociale que tout le monde pressent aujourd'hui ?

Faisant abstraction, comme le lui commandent ses statuts, de toute politique nationale et locale, elle donnera à l'agitation ouvrière dans tous les pays un caractère *essentiellement économique*, en posant comme but : la diminution des heures de travail et l'augmentation des salaires ; comme moyens : *l'association des masses ouvrières* et la formation des *caisses de résistance.*

Elle fera la propagande de ses principes, car ces principes, étant l'expression la plus pure des intérêts collectifs des travailleurs du monde entier, sont l'âme et constituent toute la force vitale de l'Association. Elle fera cette propagande largement, sans égard pour les susceptibilités bourgeoises, afin que chaque travailleur, sortant de la torpeur intellectuelle et morale dans laquelle on s'efforce de le retenir, comprenne la situation, sache bien ce qu'il doit vouloir et à quelles conditions il peut conquérir ses droits d'homme.

Elle en fera une propagande d'autant plus énergique et sincère que, dans l'Internationale même, nous rencontrons souvent des influences qui, affectant de mépriser ces principes, voudraient les faire passer pour une théorie inutile et s'efforcent de ramener les travailleurs au catéchisme politique, économique et religieux des bourgeois.

Elle s'étendra enfin et s'organisera fortement à travers les frontières de tous les pays, afin que, quand la révolution, amenée par la force des choses, aura éclaté, il se trouve une force réelle, sachant ce qu'elle doit faire, et par là même capable de s'emparer de la révolution et de lui donner une direction vraiment salutaire pour le peuple ; une organisation internationale sérieuse des associations ouvrières de tous les pays, capable de remplacer ce monde politique des Etats et de la bourgeoisie qui s'en va.

Nous terminons cet exposé fidèle de la politique de l'Internationale en reproduisant le dernier paragraphe des considérants de nos statuts généraux :

« Le mouvement qui s'accomplit parmi les ouvriers des pays les plus industrieux de l'Europe, en faisant naître de nouvelles espérances, donne un solennel avertissement de ne point retomber dans les vieilles erreurs. »

*Nous avons laissé à cette série d'articles le titre que Bakounine leur donna :* Politique de l'Internationale. *Mais tu n'auras pas été sans remarquer, lecteur ami, que nous aurions pu aussi bien appeler cette brochure : la* Politique du Syndicalisme ; *ou encore* l'Emancipation par la pratique.

*La parenté de l'Internationale et du Syndicalisme t'aura frappé. Puisse cette première lecture t'inciter à vouloir mieux connaître le mouvement et les idées de l'Internationale. Tu le pourras en lisant les* Œuvres *de Bakounine, les* Souvenirs *de l'Internationale de James Guillaume,* quelques écrits *d'Adhémar Schwitzguébel, etc.*



SAUMUR. — Imprimerie du Progrès (Association ouvrière)

# La PETITE BIBLIOTHÈQUE du MILITANT SYNDICALISTE

*Depuis presque une génération elle [la bourgeoisie] a oublié de penser et d'apprendre autrement que par les journaux ; c'est là qu'il faut chercher la raison directe de la décadence où elle est tombée...*

LASSALLE.

| | Dans nos bureaux | Franco recommandé |
|---|---|---|
| KROPOTKINE : Autour d'une Vie.................. | 2 75 | 3 »» |
| J. GUILLAUME : L'Internationale (4 vol.)............. | 15 »» | 15 85 |
| VANDERVELDE : Le Collectivisme et l'Evolution industrlle. | 1 50 | 1 80 |
| SOMBART : Le Mouvement Social au XIXe siècle...... | 1 80 | 2 »» |
| MARX et ENGELS : Le Manifeste Communiste (Traduction et commentaire de CH. ANDLER)............... | 1 50 | 1 80 |
| MARX : Le Capital (résumé de CAFIÉRO).............. | 1 25 | 1 50 |
| PROUDHON : Idée générale de la Révolution au XIXe s... | 1 25 | 1 50 |
| BAKOUNINE : Œuvres (tome V : articles de l'*Egalité*).... | 2 75 | 3 »» |
| PELLOUTIER : Histoire des Bourses du Travail......... | 3 »» | 3 25 |
| BRIZON : Histoire du Travail et des Travailleurs....... | 3 50 | 4 »» |
| DE ROUSIERS : Les Syndicats industriels de Producteurs | 3 »» | 3 25 |
| EXPERT-BESANÇON : Les Organisations de Défense patronale.................................. | 5 40 | 5 80 |
| DELAISI : La Démocratie et les Financiers ........... | 2 »» | 2 25 |
| DE SEILHAC : Les Congrès ouvriers (1876-1896)....... | 3 50 | 4 »» |
| — — (1893-1906)........ | 2 70 | 3 »» |
| L. BLUM : Les Congrès ouvriers et socialistes ......... | 1 »» | 1 20 |
| PAUL LOUIS : Histoire du Mouvement Syndical en France..................................... | 3 »» | 3 25 |
| KRITSKY : L'Evolution du Syndicalisme français ...... | 3 60 | 4 »» |
| ZEVAÈS : Le Socialisme en France depuis 1871........ | 3 »» | 3 25 |
| LAGARDELLE : Enquête sur la Grève générale .......... | 3 »» | 3 25 |
| GRIFFUELHES : L'Action Syndicaliste.................. | 0 60 | 0 70 |
| — Voyage révolutionnaire ............ | 0 60 | 0 70 |
| POUGET : La Confédération du Travail ............... | 0 60 | 0 70 |
| — Le Sabotage.......................... | 0 60 | 0 70 |
| LAURIN : Les Instituteurs et le Syndicalisme.......... | 0 60 | 0 70 |
| G. WEILL : Histoire du Mouvement Social en France (1852-1910)............................ | 9 »» | 9 50 |

Imprimerie du Progrès
(Association ouvrière)

21, rue Dacier, Saumur
(Maine-et-Loire)

www.ingramcontent.com/pod-product-compliance
Ingram Content Group UK Ltd.
Pitfield, Milton Keynes, MK11 3LW, UK
UKHW021036200726
13857UKWH00004B/1750

9 782012 858626